Solution to front cover puzzle

D1016226

The Book of

Kakuro

The Book of

Kakuro

Compiled by Michael Mepham

THE OVERLOOK PRESS
WOODSTOCK & NEW YORK

This edition first published in paperback in the United States in 2005 by
The Overlook Press, Peter Mayer Publishers, Inc.
New York & Woodstock

NEW YORK:
141 Wooster Street
New York, NY 10012

WOODSTOCK:
One Overlook Drive
Woodstock, NY 12498
www.overlookpress.com
[for individual orders, bulk and special sales, contact our Woodstock office]

Introduction and puzzles copyright © Michael Mepham, 2005

Cataloging-in-Publication Data is available from the Library of Congress

Manufactured in the United States of America
ISBN 1-58567-812-0
9 8 7 6 5 4 3 2 1

Contents

Solving Kakuro

Kakuro is a hybrid of a crossword and a logic puzzle. It first appeared in the USA with the title Cross Sums — not a bad description of what it is — and was taken up by Japanese solvers with the new name kakro. In that country it soon became more popular than sudoku. Then, in much the same way as sudoku was introduced to the British public, the national newspapers in the UK renamed it again as kakuro and presented the puzzle to their readers in late 2005.

Like a crossword, kakuro has across and down clues, but there the similarity ends, because the object of the puzzle is to fill the white cells with numbers between 1 and 9 that produce a **sum** that is the clue.

The clues are the numbers printed on the black squares — above the white diagonal line are the across clues and below it are the down clues. The clues are the sum of the solution block next to the clue. Thus, if a 3 is shown as a clue there will be two empty cells waiting for you to put the digits 1 and 2 in them — the only possible sum that will equal 3.

The final rule is that no number may be repeated in any block. For example, if the clue is 4, the only possible solution will be 1 and 3 (or 3 and 1), never 2 and 2. Therefore, no matter how large the grid is, the longest block will be 9 cells in length to accommodate the digits 1 to 9.

To summarize:

◆ The clue represents the sum of the numbers in the adjacent block of empty cells
◆ The numbers 1 to 9 are used to fill the grid
◆ Each block may contain only one occurrence of a digit

So how is it solved? If you've come from sudoku, then you have a head start. You will be using logic to seek out individual numbers and you will be keeping track of "candidate" numbers in each cell, just as you would in sudoku.

Candidates are the possible numbers that can go in cells. For example, in a block of two empty cells, where the clue is 3 both cells will have candidates of 1 and 2. With these small clues you may see the solution straight away, but if not, you should note the candidates in the cells.

Kakuro 1

It will have already become apparent that there is only one possible combination for the solution to the clue 3: 1 and 2. The same goes for 4 in two cells, which is 1 and 3. The clue 10 for a four-cell block will produce 1, 2, 3 and 4 — no other combination will work — and there are many more examples like these. Combinations where there is only one outcome are very important to kakuro solving and I have included a table of them at the end of this introduction.

Making a start

Let's look at a real kakuro. Where do you start? Well, before we commence entering lots of candidate numbers there is an important rule to learn. We have already learned that there are some fixed combinations of numbers, such as 3 in two = 1 and 2, 4 in two = 1 and 3. If two of these blocks intersect and share a unique number then the point where they intersect must be that common number. If we examine the puzzle, there are quite a few of these fixed combinations:

3 in two = 1, 2
4 in two = 1, 3
7 in three = 1, 2, 4
16 in five = 1, 2, 3, 4, 6

Are there any combinations that intersect and share a unique digit? Yes, look at the bottom row of *Figure 1*. Here the 4 intersects with the 3 in the central black square. They both share the number 1 uniquely, so that must be the number that goes in the cell that they both share. Before we move on to find some more of these, it is important to remember that they must share the number uniquely. For example, the 16 intersects with the top 4, but they both contain 1 and 3, so the cell at the intersection could be either 1 or 3 (but that fact may in itself be a help later on).

Figure 1

Figure 2

Back at our puzzle there are two more places where 3 and 4 intersect (*Figure 2*), so both of the intersecting cells resolve to 1. Having solved those three squares directly, there are now some holes that can be filled as a result (*Figure 3*).

Figure 3

Reducing combinations

Now we are into a phase of reducing combinations. Look at the last cell of the block for the 7 in *Figure 4*. It can only be 1 or 4, but we also know that we need a total of 10 to complete the 15 block that intersects with the last cell of the 7 block in two. Making 10 with either a 1 or 4 in it would give us either 1 and 9 or 4 and 6. The 1 and 9 combination doesn't work, because the only other square available in that 15 block intersects with the 16 block where only 1, 4 or 6 are available as candidates. So, it must be 4 and 6 and the 4 must be the last digit in the 7 block. The remaining 6 can now complete the 15 block. We can also complete the 7 block with the remaining 1 to complete the sum.

Figure 4

Locked values

Tackling the 16 block in *Figure 5*, where just two cells remain, we must make 5 from a 1 and a 4 — the only digits remaining in that known combination. We can see that the second cell cannot be a 1, because there is already a 1 in the 15 block — it's a locked value — so it must be 4. And we have solved the 16 block.

Figure 5

All that remains in *Figure 6* is the last
number in the 15 block, which must
be a 7 to make up the sum, and then
the 5 in the 12 block, which is proved
by the sum of the 6 block. Job done!

Figure 6

Unique solutions

Now that you have solved your first
kakuro you will be raring to start on the
puzzle pages, but before you go here
are some things to remember. Each
of the puzzles in this book has a unique
solution. If your solution doesn't agree
with the one printed at the end of the book you have made a mistake
somewhere. The stated difficulty levels are subjective — they are all set
for someone who is a beginner. If you find that you've solved a tough one
in 10 minutes, then you are better at solving than you thought you were. If
an easy puzzle has taken you an hour already, then maybe it's just a bad
day for you. The difficult puzzles are those with vast expanses of white
cells and few "islands". Easier puzzles will have more shorter blocks and
plenty of known combination clues.

This is my first book of kakuro and I have compiled puzzles that I believe
are representative and I hope cover a range of difficulties to amuse and
engage both beginners and experienced solvers. A word of warning,
though; just don't become too addicted.

Michael Mepham
Frome, Somerset
2005

Table of known combinations

Clue	Cells	Combination
3	2	1, 2
4	2	1, 3
16	2	7, 9
17	2	8, 9
6	3	1, 2, 3
7	3	1, 2, 4
23	3	6, 8, 9
24	3	7, 8, 9
10	4	1, 2, 3, 4
11	4	1, 2, 3, 5
29	4	5, 7, 8, 9
30	4	6, 7, 8, 9
15	5	1, 2, 3, 4, 5
16	5	1, 2, 3, 4, 6
34	5	4, 6, 7, 8, 9
35	5	5, 6, 7, 8, 9
21	6	1, 2, 3, 4, 5, 6
22	6	1, 2, 3, 4, 5, 7
38	6	3, 5, 6, 7, 8, 9
39	6	4, 5, 6, 7, 8, 9
28	7	1, 2, 3, 4, 5, 6, 7
29	7	1, 2, 3, 4, 5, 6, 8
41	7	2, 4, 5, 6, 7, 8, 9
42	7	3, 4, 5, 6, 7, 8, 9
Any	8	1 to 9 except 45−Clue value
Any	9	1 to 9 inclusive

The Puzzles

Gentle

1

Gentle

Gentle

3

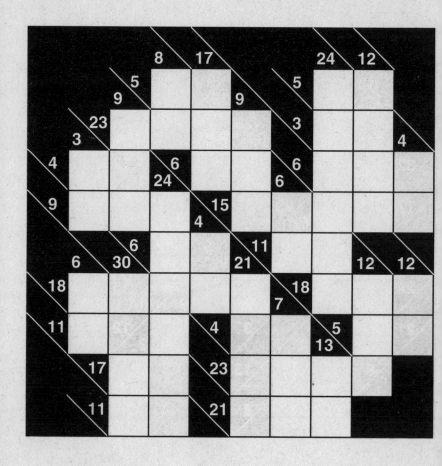

Gentle

Gentle

Gentle

Gentle 7

Gentle

Gentle

Gentle

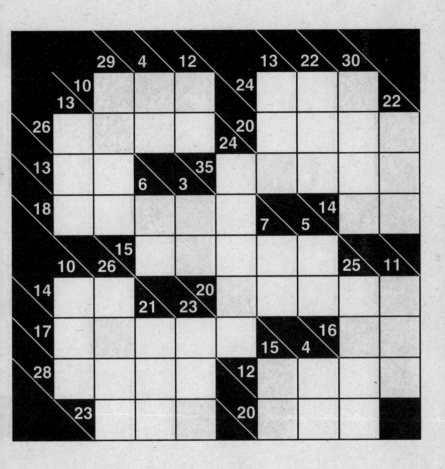

Gentle

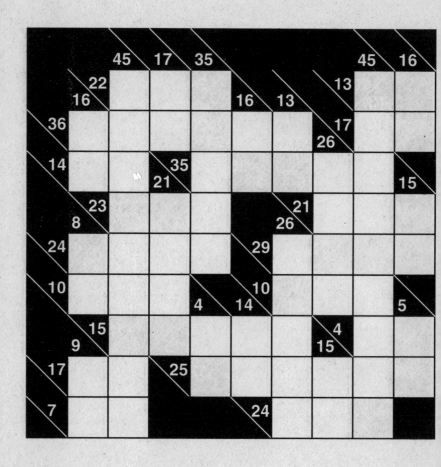

Gentle

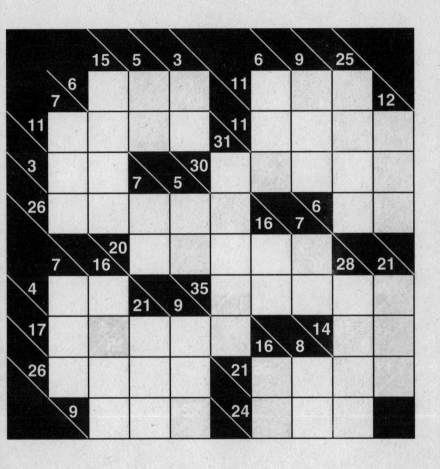

Gentle 13

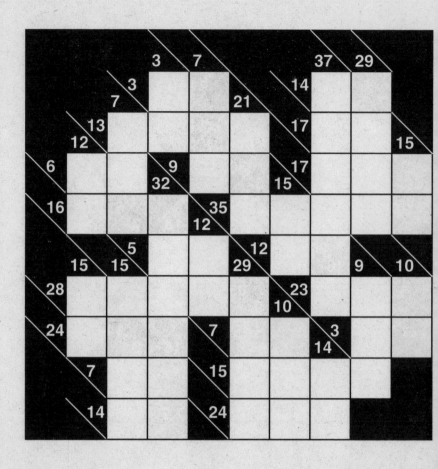

Gentle

Gentle

Gentle

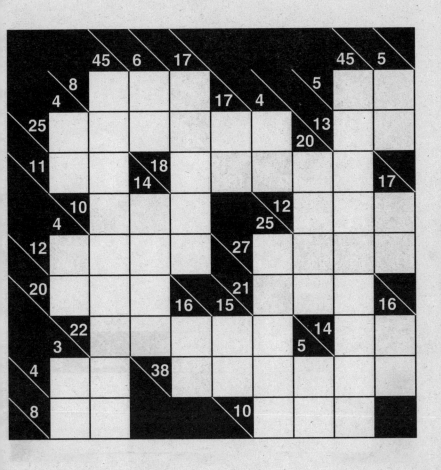

Gentle

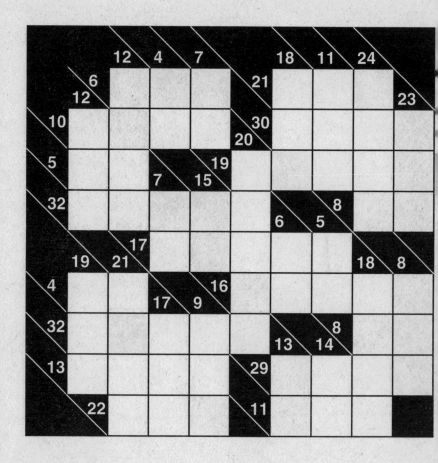

Gentle

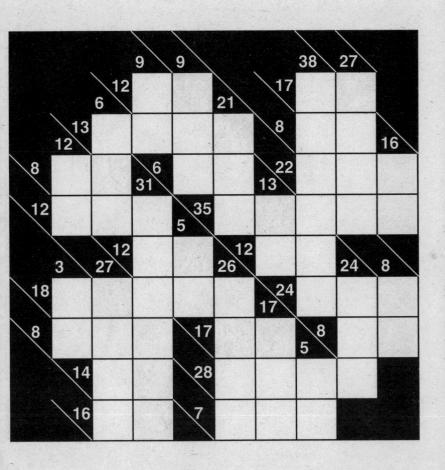

Gentle

Kakuro 1

20   Gentle

Gentle

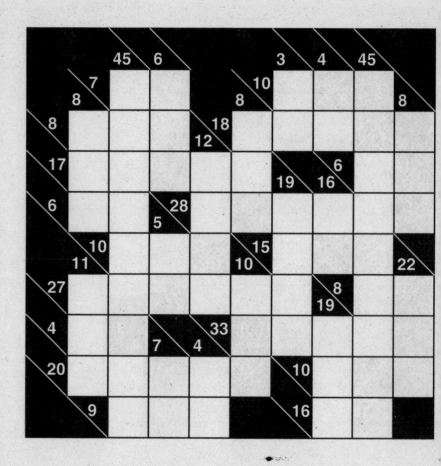

Gentle

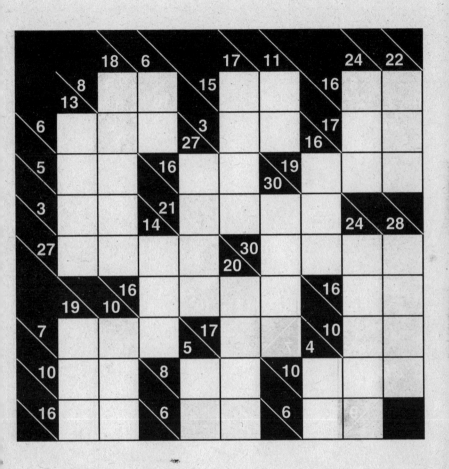

Gentle

Gentle

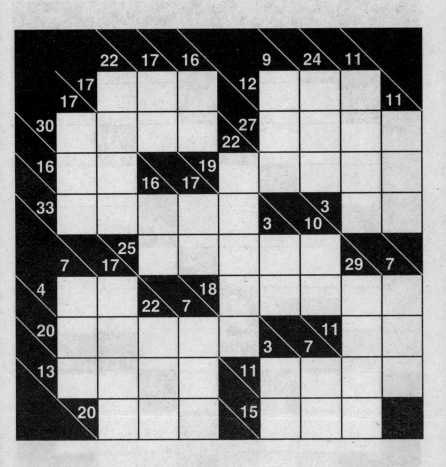

Gentle 25

Gentle

Gentle 27

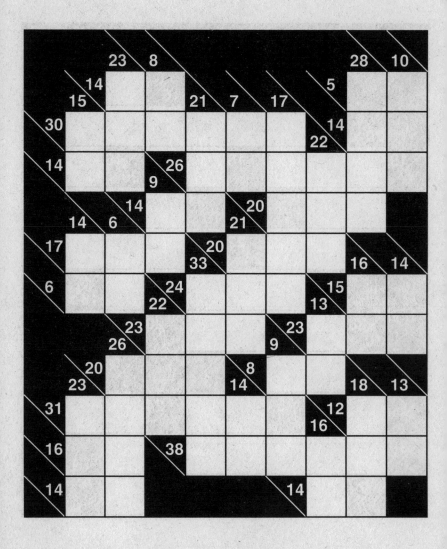

Gentle

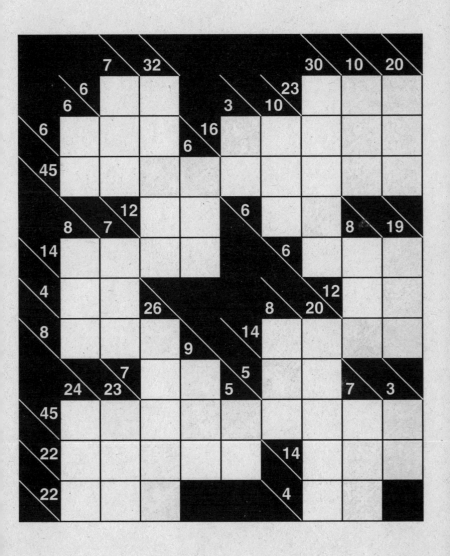

Gentle 29

Gentle

Gentle

31

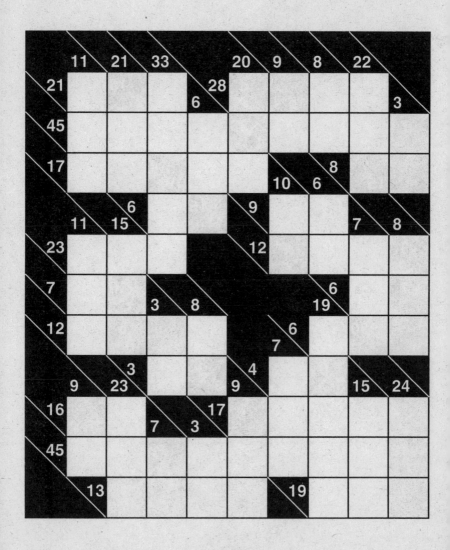

Gentle

Gentle 33

Gentle

Gentle

Gentle

Gentle

Gentle

Gentle

Kakuro 1

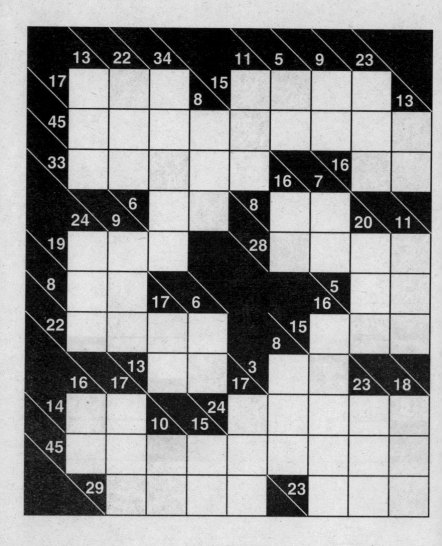

Moderate

Moderate 41

Moderate

Moderate

Moderate

Moderate

Moderate

Moderate 47

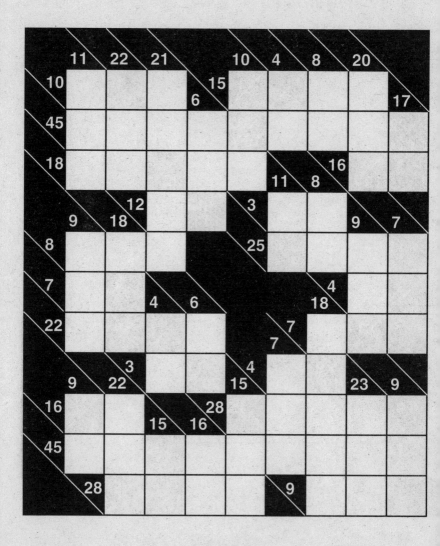

Moderate

Moderate 49

Moderate

Moderate

Moderate

Moderate 53

Moderate

Moderate

Moderate

Moderate

Moderate

Moderate 59

Kakuro 1

Moderate

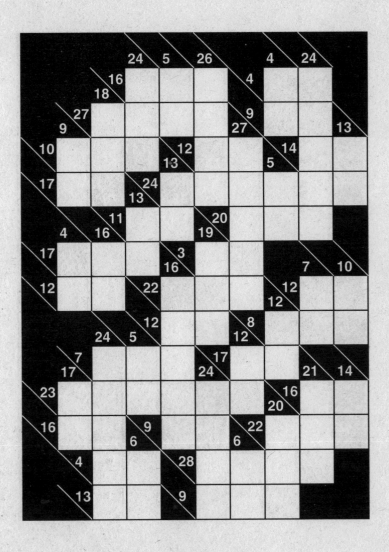

Moderate

61

Kakuro 1

62   **Moderate**

Moderate 63

Moderate

Moderate 65

Moderate

Moderate

Moderate 69

Moderate

Moderate 71

Moderate

Moderate 73

Moderate

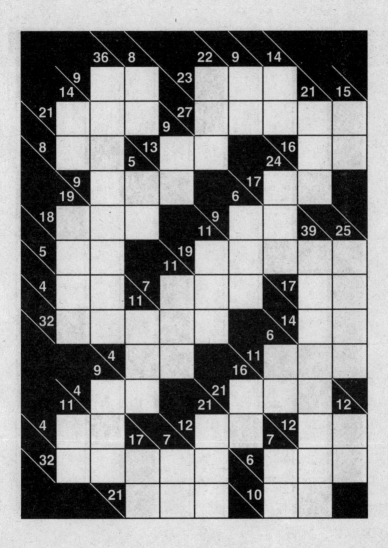

Moderate   75

Moderate

Moderate 77

Moderate

Moderate 79

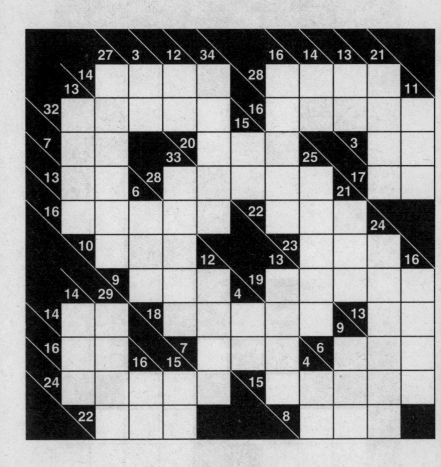

Moderate

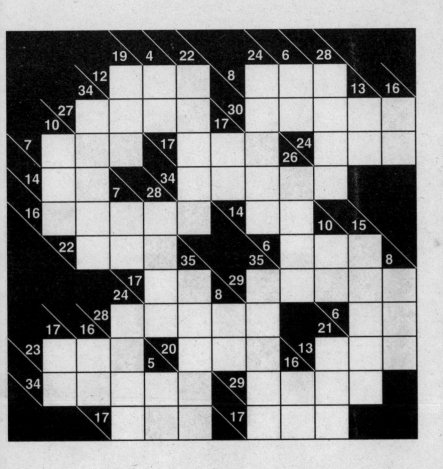

Moderate 81

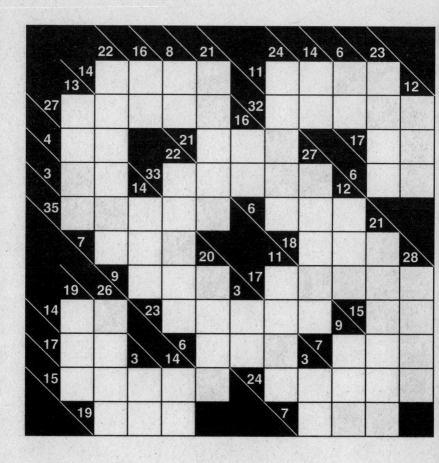

Moderate

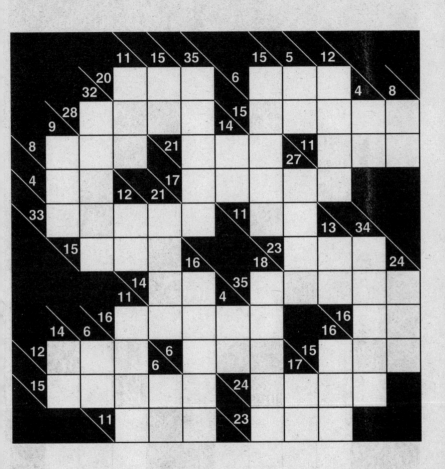

Tough

Tough

Tough

Tough

Tough

Tough

Tough

Tough

Tough

Tough

Tough

Tough

Tough

Tough

Tough

Tough

Tough

Tough

Tough

Tough

Tough

Tough

Tough

Tough

Tough

Tough

Tough 111

Diabolical

Diabolical

Diabolical

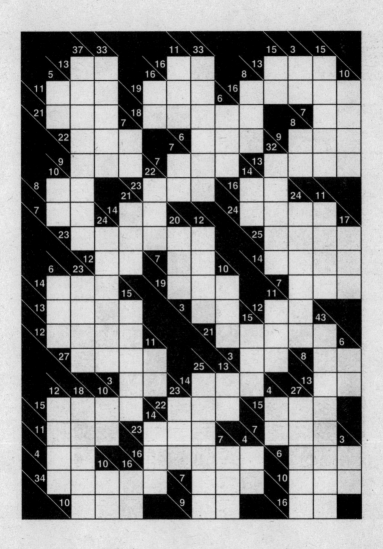

Diabolical

115

Diabolical 117

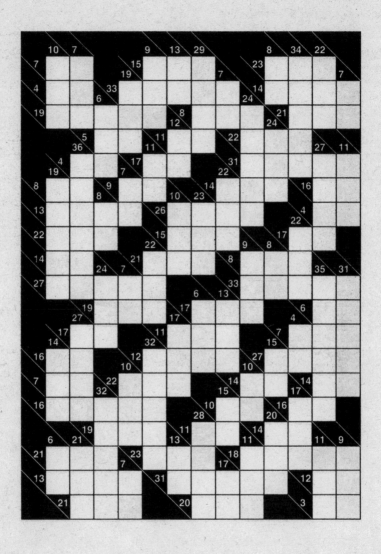

Diabolical

Diabolical

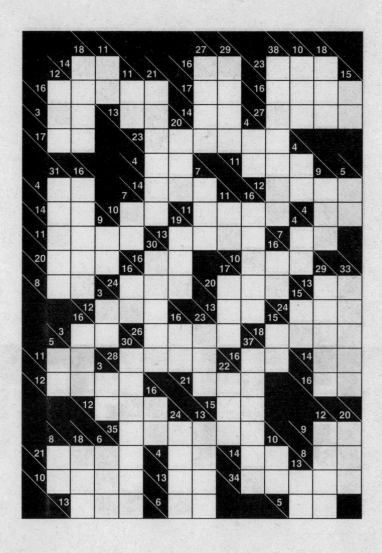

Diabolical

Diabolical

Diabolical

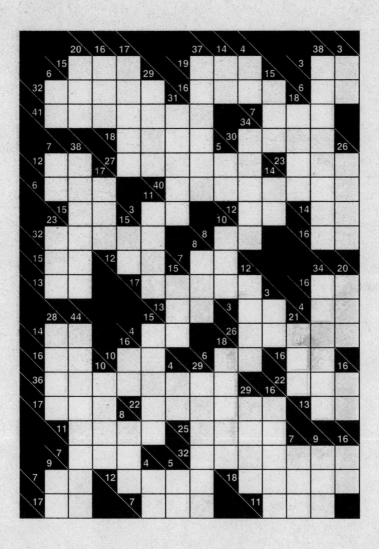

Diabolical 123

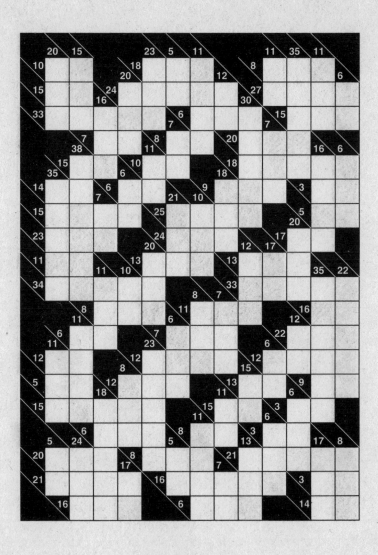

Diabolical 125

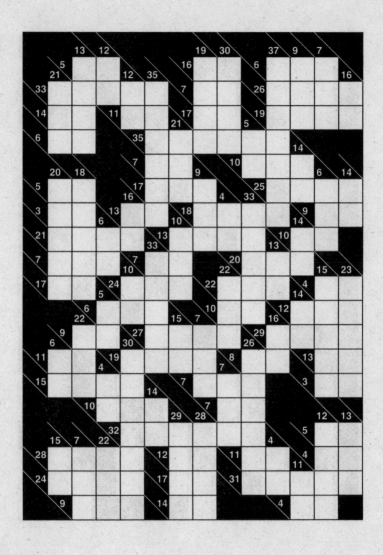

Diabolical

Diabolical 127

Diabolical

Diabolical

Diabolical

Diabolical 131

Diabolical

The Solutions

1

2

3

4

Kakuro 1

5

		9	2			1	4	
	2	6	1	4		3	1	
4	1		7	9		4	2	7
8	7	6		8	3	6	5	9
		5	3		1	7		
8	3	7	1	2		2	1	3
9	4	8		1	2		5	7
	2	4		4	6	1	2	
	6	9		5	1	2		

6

		9	6			9	8	6	
9	8	5		4	7	5	8	9
8	5	1	7	9			4	8
5	3		8	3	1	4	9	5
	7	4	9		3	8	2	
2	1	3	4	6	5		1	2
1	6			7	6	9	5	8
4	2	3	1	8			2	3	1
	4	1	2			8	7	

7

		5	6		9	8		7	4	
8	6	9		4	6		2	1
1	3		2	5		1	4	2
4	2		3	1	7	2		
2	1	3	7		8	5	9	3
		9	1	3	5		2	1
1	2	4		4	9		1	4
9	3		7	9		1	5	2
3	1		4	8		2	3	

8

		7	9	6				6	7	
7	3	8	5	9	4		8	9
9	5		8	7	9	6	5	
	8	6	9			9	4	8
5	4	8	7		5	8	9	7
3	2	5			6	3	1	
	1	2	3	5	4		3	1
8	9		1	9	3	6	2	4
1	6			8	9	7		

9

	8	5		2	3		1	5
8	7	9		6	1		7	8
2	6		8	4		1	2	6
6	9		9	1	3	2		
7	1	2	3		7	4	8	9
		3	6	7	4		7	8
7	9	8		5	1		2	4
8	6		1	3		9	6	7
9	8		9	8		6	1	

10

	1	2	5				1	2
4	8	1	7	5	9		8	9
7	9		3	1	2	6	4	
	2	8	9			9	6	8
9	4	7	8		6	1	2	7
8	7	6			8	7	5	
	6	9	8	3	7		3	1
1	5		4	1	5	3	9	2
2	3				9	5	7	

11

	5	1	4		7	9	8	
6	9	3	8		1	5	6	8
5	8			6	5	8	7	9
2	7	5	1	3			9	5
		1	2	5	4	3		
5	9			8	3	2	6	1
1	3	5	6	2			9	7
4	8	7	9		6	1	2	3
		6	9	8		9	3	8

12

	7	9	6				6	7
7	3	8	5	9	4		8	9
9	5		8	7	9	6	5	
	8	6	9			9	4	8
5	4	8	7		5	8	9	7
3	2	5			6	3	1	
	1	2	3	5	4		3	1
8	9		1	9	3	6	2	4
1	6				8	9	7	

Kakuro 1

13

```
    3  2  1     1  3  7
 1  5  3  2     2  1  5  3
 2  1        6  3  5  9  7
 4  6  5  2  9        4  2
       2  3  5  9  1
 1  3        8  7  6  5  9
 2  4  7  1  3        6  8
 4  8  9  5     7  1  9  4
    1  5  3     9  7  8
```

14

```
       2  1        6  8
    2  1  4  6     8  9
 5  1     2  7     4  7  6
 7  4  5     8  6  7  5  9
    1  4     9  3
 6  2  3  8  9     9  6  8
 9  7  8     5  2     1  2
    1  6     7  1  5  2
    5  9     8  7  9
```

15

```
    4  1        1  2  4
 2  3  4     5  3  6  1  2
 1  7  3  4  2        7  9
 4  8     1  4  6  5  2  8
    6  1  2     1  9  8
 1  9  2  6  8  3     6  9
 2  1        5  2  1  3  4
 3  2  1  4  7     4  9  7
    5  3  1        2  5
```

16

```
    9  5     7  9     4  2
 7  6  1     2  1     5  3
 1  7     9  4     4  2  1
 4  8     3  1  5  2
 2  3  5  1     8  1  9  6
    2  7  8  9     6  3
 2  4  1     1  6     3  1
 3  1     8  9     3  8  4
 1  2     7  5     5  7
```

17

	5	2	1				4	1
1	2	4	6	9	3		9	4
3	8		3	8	1	4	2	
	7	1	2			1	3	8
1	4	2	5		3	8	7	9
3	9	8			8	7	6	
	1	3	7	9	2		5	9
1	3		9	6	5	3	8	7
2	6				7	2	1	

18

	2	1	3			8	4	9
2	1	3	4		7	6	8	9
1	4			2	3	1	5	8
9	5	6	8	4			2	6
		1	7	3	4	2		
3	1			6	2	3	4	1
9	8	7	3	5			6	2
7	3	2	1			9	8	7	5
	9	8	5		4	6	1	

19

	7	5			8	9		
1	2	3	7		3	5		
5	3		1	5		6	7	9
7	2	3		9	8	5	6	7
		8	4		5	7		
2	6	4	1	5		9	8	7
1	5	2		9	8		7	1
	9	5		8	7	4	9	
	7	9		4	2	1		

20

	2	6			9	8	2	
9	6	8		5	8	1	3	2
7	8	9	3	6			6	1
8	4		2	9	1	3	8	4
	7	2	1		2	5	1	
4	9	8	7	5	6		9	4
2	1			3	5	4	7	1
1	3	5	7	2		1	4	2
	5	9	8			3	5	

Kakuro 1

21

		3	1			1	4	
	1	2	3	4		6	9	
9	5		4	9		9	8	7
4	2	3		8	6	3	7	9
		5	9		5	7		
2	8	9	7	5		8	9	5
7	5	4		1	7		4	2
	6	1		2	9	7	5	
	9	7		7	8	9		

22

		6	1				1	3	6
1	4	3			3	2	1	8	4
3	7	2	1	4				5	1
4	2			2	1	6	7	9	3
	1	3	6			2	9	4	
8	9	2	3	1	4			2	6
1	3			6	7	8	3	9	
2	8	6	1	3			2	1	7
	5	1	3				9	7	

23

		3	5		6	9		7	9
3	2	1		1	2		9	8	
1	4		9	7		6	8	5	
2	1		8	3	9	1			
7	8	9	3		7	9	6	8	
	1	7	2	6		7	9		
2	1	4		9	8		4	6	
8	2		3	5		3	2	5	
9	7		2	4		1	5		

24

		5	2	1				1	2
9	8	4	3	6	7		5	3	
3	1		2	8	9	7	6		
	7	3	4			9	8	3	
7	4	8	6		9	5	2	1	
8	9	6			7	6	9		
	2	4	8	9	6		7	9	
7	3		9	5	1	7	3	8	
9	6				8	9	4		

25

	1	9	7		1	8	3	
6	7	8	9		6	9	5	7
7	9			6	2	7	1	3
4	5	9	8	7			2	1
	7	9	2	1	6			
1	3			3	2	4	8	1
2	6	7	1	4			7	4
4	1	6	2		1	3	5	2
	7	9	4		2	4	9	

26

		3	5		5	1		
	9	2	7		9	2	5	1
8	2	1		5	1		7	4
5	1		7	8		7	8	
	6	8	5	9		9	3	1
6	8	7	9		9	5	6	8
7	4	9		9	7	8	1	
	3	6		6	1		2	4
9	7		7	8		7	9	8
8	5	7	1		2	1	4	
		9	6		6	3		

27

		8	9	6		5	1	
	5	4	8	3	7	2	1	
8	2	9		9	6		7	9
9	4				4	8	6	3
3	1	8		9	2	7	4	
	2	6	3	1	5			
	9	4	8	7		9	3	8
5	7	1	2			7	9	
1	3		1	4		9	8	7
4	6	1	5	9	2	3		
	1	2	4		5	1		

28

	9	5				4	1	
7	8	3	9	1	2		8	6
8	6		4	6	1	5	7	3
		6	8		3	8	9	
9	5	3		7	4	9		
5	1		9	8	7		7	8
		9	8	6		8	9	6
	9	5	6		3	5		
6	4	8	7	5	1		7	5
9	7		3	9	5	7	6	8
8	6				9	5		

Kakuro 1

29

	1	5				8	6	9
1	2	3		2	3	6	1	4
5	4	8	2	1	6	9	3	7
	9	3			1	5		
4	2	7	1			2	1	3
3	1						3	9
1	4	3			1	2	4	7
		6	1		4	1		
7	9	8	5	4	3	6	2	1
8	6	4	3	1		8	4	2
9	8	5				3	1	

30

		3	8		2	6	1	3	
		2	7		6	9	5	7	4
		1	2	9			2	6	1
			4	6	1	2		5	2
	9	6	1	7	3	4	5	8	
	8	9	6				6	9	7
		8	5	6	4	9	3	1	2
2	4			9	6	7	1		
5	7	9				4	2	1	
	1	7	2	8			7	8	
	3	8	7	9			4	2	

31

	6	2			1	4		9	6
	2	4	1		5	8	9	7	4
		8	3	2		5	6	3	
	9	8	6	1		8	7		
	2	1			1	2	6	4	
	4	3		7	6	9		2	8
		2	5	9	4			1	4
		1	5		5	2	8	9	
	7	3	2		2	4	1		
	6	1	3	4	5		7	9	6
	9	2		2	1		7	8	

32

	5	7	9		8	4	7	9	
	4	8	7	3	9	5	1	6	2
	2	6	5	1	3			7	1
			4	2		8	1		
	6	9	8			2	5	4	1
	2	5						2	4
	3	1	2	6			2	1	3
			1	2		1	3		
	7	9			3	2	1	4	7
	2	8	3	1	5	4	7	6	9
		6	4	2	1		6	5	8

33

```
. 9 4 . . . 2 3 .
9 8 6 2 7 5 1 3
5 4 2 3 1 . 2 1
6 1 . 5 1 2 .
8 6 . . 4 3 1 6 2
9 8 6 . . . 8 9 5
2 3 1 7 9 . 8 3
. . 2 7 9 . 3 1
7 9 . 1 5 3 8 2
2 8 3 4 6 7 9 1
. 7 1 . . 1 5 .
```

34

```
. . . 8 9 . 9 2 .
. 9 7 8 . 5 3 2 1
2 6 1 . 9 7 . 6 4
1 3 . 1 6 . 9 7 .
. 4 3 2 8 . 8 4 9
4 2 1 5 . 1 5 3 7
1 5 2 . 2 9 3 1
. 7 8 . 3 4 . 8 6
3 1 . 7 1 . 2 5 1
6 8 9 1 . 5 8 9
. . 5 8 . 6 9 .
```

35

```
. . 8 9 7 . 2 1 .
. 7 8 6 3 9 5 2
7 6 9 . 9 4 . 3 1
1 5 . . 1 6 2 4
8 7 9 . 3 7 9 4 .
. 4 3 2 5 1
. 1 6 5 4 . 7 8 9
1 3 8 7 . . 7 8
3 6 . 8 9 . 1 9 5
5 8 3 9 6 7 2 .
. 9 8 6 . 9 6 .
```

36

```
. . 6 9 . . . 5 8
1 8 5 7 2 9 . 8 9
8 9 . 6 3 7 8 9 4
. 8 9 . 2 1 4 .
1 5 7 . 1 4 2 .
6 9 . 6 3 8 . 2 6
. 5 8 9 . 9 1 8
. 6 7 9 . 1 6 .
6 3 1 7 4 2 . 2 5
8 9 . 3 1 4 5 6 8
9 5 . . . 9 7 .
```

37

	6	2				8	9	3
7	9	3		1	3	4	7	2
9	8	6	3	2	4	7	1	5
	1	7		7	9			
7	8	5	9			6	5	9
8	9						4	8
4	6	3			2	5	1	3
	2	1			1	8		
6	3	8	2	4	5	9	7	1
3	1	4	5	2		4	1	2
5	6	9				6	2	

38

	1	4		9	6	8	5	
	4	8		7	9	6	4	8
	2	3	1			9	6	7
		2	4	7	5		7	9
7	1	6	3	9	8	4	2	
8	4	9				9	8	3
	2	7	3	4	1	6	9	5
9	5		1	3	2	7		
8	9	7			3	2	1	
	6	9	2	7		1	3	
	3	2	1	5		8	2	

39

2	9			9	7		3	4
1	4	9		5	9	3	1	2
		7	8	6		8	5	9
7	2	8	9		7	9		
9	8			6	1	2	4	
8	6		1	9	2		7	5
	9	8	5	7			9	8
		9	8		9	7	8	6
1	2	6		1	7	8		
5	1	4	3	2		9	2	8
2	3			9	3		1	4

40

2	8	7		1	3	5	6	
7	5	9	1	3	2	4	8	6
4	9	8	5	7			9	7
		4	2		7	1		
8	5	6			9	6	8	5
7	1						3	2
9	3	8	2			2	9	4
		9	4		2	1		
9	5			3	1	4	9	7
7	4	1	8	9	5	3	6	2
	8	9	7	5		6	8	9

41

		6	9			1	3	
	1	8	3	7	6	2	4	9
	2	5	1	9	7		1	2
7	9			7	8	9		
8	4			3	8	5	7	9
2	5	1				1	2	4
9	8	7	6	4			3	8
			9	8	6		1	6
1	6		3	1	2	7	4	
2	9	1	8	3	4	6	5	
	8	9				1	9	

42

		1	3		8	5		
	6	7	9		5	9	7	8
5	2	9		5	9		1	9
7	8		2	4		7	9	
	3	9	7	8		4	2	3
7	5	8	1		9	8	4	6
2	4	5		9	8	5	6	
	9	7		2	7		3	7
5	1		1	8		2	5	9
8	7	1	2		9	3	8	
		2	9		2	4		

43

		2	1	5		8	6	
		5	3	7	9	4	2	1
2	4	1		9	6		9	7
1	3				7	1	5	3
3	9	7		2	4	3	1	
		9	3	8	5	7		
	4	3	1	6		2	3	1
1	9	8	6				1	2
9	8		5	1		4	2	5
5	7	3	9	2	4	1		
	6	1	2		9	2		

44

	9	2					8	9
7	5	4	2	8	1		7	5
9	7		3	9	2	1	6	7
		4	1		5	7	9	
9	4	5		5	4	2		
5	3		5	2	3		9	7
		5	3	1		7	8	9
	7	8	4		6	9		
7	2	9	6	1	3		8	5
8	6		2	3	5	1	6	9
9	4					5	9	

Kakuro 1

45

	9	8				5	1	4
9	8	6		2	8	6	4	9
7	5	9	6	1	4	8	3	2
		5	1		9	7		
2	1	3	4			9	4	6
3	4						1	9
1	5	9			4	9	3	7
	7	9			1	6		
9	7	8	4	6	2	3	5	1
6	8	1	2	3		8	6	9
8	9	6				7	8	

46

	6	4		8	1	2	4	
	9	8		6	3	4	9	8
	7	9	8			1	2	4
	1	7	4	2		7	9	
2	7	6	3	9	4	8	5	
5	9	3				1	3	7
	1	2	5	7	4	3	8	9
1	3			6	9	1	2	
2	5	1			9	5	6	
	2	3	5	1		9	8	
	6	2	3	4		7	9	

47

6	8		9	5		7	9	
9	5	8		7	8	9	2	6
	5	9	8		7	1	8	
8	5	9	7		5	8		
9	2		7	9	5	4		
2	1		9	6	8		3	1
	3	2	5	1		5	4	
	1	8		1	5	2	3	
1	3	5		8	5	9		
2	7	4	1	3		8	3	9
6	9		7	9		1	4	

48

2	7	1		2	3	1	9	
5	9	6	2	3	1	7	4	8
4	6	2	1	5		7	9	
	9	3		2	1			
1	4	3		9	7	5	4	
2	5					3	1	
6	9	3	4		4	1	2	
	1	2		1	3			
7	9		4	2	8	9	5	
2	5	9	7	6	4	1	8	3
	8	6	9	5		2	6	1

49

		9	7			1	3
	5	8	2	3	9	4	7	6
	6	5	4	9	8		9	8
6	1		1	2	4			
8	7			1	6	4	3	2
9	4	7				9	1	5
4	2	1	6	9			6	8
		1	7	4			2	1
2	1		8	4	9	3	5	
6	3	5	2	8	7	1	4	
	7	9				8	4	

50

			1	3			2	3
		8	7	2	4	9	1	6	3
7	2				6	8		5	1
9	5		1	2		1	8		
			2	7		8	9		
		2	3	1			7	9	
9	2	3	5		5	1	4	3
6	1		1	3	2			
	7	9		2	1			
	5	7		9	2		5	9
2	4		1	5			2	1
1	9	4	3	8	5	2	6	
	3	1		4	1	3	

51

		4	3	1		3	1
	3	1	6	2		1	5
4	1	2		3	1		4	1
9	6		1	6	5	4	2	3
	3	4		4	1	3	
2	1	8		7	8		
3	5		6	1	2		5	1
		9	8		1	2	4
	2	5	1		2	3	
8	4	9	2	7	3		4	2
9	3		8	9		2	8	6
	1	2		6	1	4	9
	7	9		8	3	1

52

		6	4	8	7	9
		3	2	6	1	7	8
	4	9				8	5	9
5	1	4	2				7	6
6	5	8	1	7	3	4	9
4	2		4	9	1	2	
	3	2				1	2
		8	9	7	2		5	1
	1	6	8	9	4	7	3	2
9	3				9	6	7	5
5	2	3				8	1
	5	4	2	8	6	9	
		2	1	6	3	5	

Kakuro 1

53

	5	4					7	2	
5	1	2	3		9	4	3		
9	2		8	7	5	9			
7	3	4	6	9		6	8	9	
		6	9			8	9	7	
9	1	3	5	8					
8	3		4	7	9		1	3	
			4	7	9	5	2		
9	6	3			3	1			
5	2	1		9	1	2	3	4	
	9	3	7	8		4	8		
2	6	1		5	7	1	9		
4	2				9	8			

54

		2	5			9	8	7	1
	5	9		8	7	9	6	2	
		6	9	4		5	9		
	9	7	8		9	7			
7	3	1		9	5				
9	7			6	7	9			
6	8	7				3	4	1	
	9	5	8			1	2		
		1	4		9	7	6		
	9	8		1	3	2			
8	7		1	5	6				
7	2	8	9	5		8	9		
9	6	5	8			7	8		

55

	5	9		8	1	2			
7	9	8		6	3	1	2	4	
1	4		4	9			1	7	
	2	4	1			8	7		
2	1	8			9	6			
4	6			6	8	7	9	5	
9	7		6	9	7		4	8	
1	3	5	9	8			8	9	
		7	8			3	1	6	
	2	9			9	1	2		
1	5			3	7		3	4	
2	1	7	5	4		9	6	7	
		2	3	1		3	7		

56

	5	1		1	9	5	6	
8	9	5		2	6	7	8	1
9	6		7	6	8		9	7
	7	6	9			1	4	
	8	9			1	3		
		4	6		2	4	1	5
2	8	7	9		6	7	3	8
1	2	3	5		4	5		
		5	8			9	3	
	7	8			9	8	6	
8	9		9	8	7		7	6
1	5	2	8	7		1	8	9
	8	1	6	9		4	9	

57

58

59

60

Kakuro 1

61

		9	2	5		3	1
	7	8	3	9		1	8
1	2	7		4	8		5	9
8	9		6	8	2	1	3	4
		4	7		9	4	7	
1	7	9		2	1			
3	9		6	9	7		3	9
		4	8		3	4	1
	1	4	2		8	9	
8	5	1	3	2	4		7	9
9	7		1	8		9	8	5
	3	1		9	5	8	6	
	8	5		5	1	3		

62

		2	4	1	7	3		
		7	8	4	9	5	6	
	9	8				9	7	1
4	1	5	9				9	4
1	7	9	6	5	3	2	8	
2	6		8	7	2	9		
	2	3				5	1	
	1	3	9	2		7	9	
1	2	4	8	9	6	5	7	
7	2				1	5	2	4
9	7	5				7	3	
3	4	5	2	1	8			
	8	6	5	7	9			

63

	9	5				7	8	
8	6	1	4		4	1	2	
9	8		3	7	9	2		
6	7	9	5	8		3	1	8
		8	2			4	8	9
7	8	6	9	3				
6	9		7	1	3		4	2
			2	7	1	3	4
3	9	8		8	5			
1	7	2		7	1	2	5	3
	9	6	8	4		9	5	
6	4	3		2	3	6	1	
8	5			9	7			

64

	7	9			2	3	5	4
	2	7		4	1	2	3	7
		4	7	8		6	7	
	6	8	9		9	1		
6	1	5		4	6			
1	2			3	7	6		
9	3	6				9	4	8
	2	1	6			2	5	
		6	9		6	8	9	
	3	2		8	1	5		
9	2		3	9	5			
4	5	6	2	1		7	9	
2	7	1	3			3	8	

65

	6	1		3	2	9		
9	8	3		2	1	3	7	4
6	4		9	1			9	3
	9	2	8			9	5	
3	5	1			1	7		
2	3			9	7	8	6	5
1	7		9	7	4		2	1
4	1	2	8	5			3	2
	9	5			1	4	3	
	9	8			8	6	7	
7	8			8	6		1	9
1	7	9	3	4		8	9	6
	7	5	9		4	5		

66

	8	5		2	8	1	4	
1	5	2		3	9	6	2	8
7	9		2	1	3		7	9
	6	1	3			3	1	
	7	6			9	8		
	7	8		6	4	8	5	
1	2	4	6		7	6	9	8
6	4	8	9		8	7		
	9	5			2	7		
7	5			6	1	2		
7	9		6	2	7		9	8
6	8	7	9	1		1	5	4
1	2	8	3			3	8	

67

7	1	2			2	1		
9	3	5	1		1	3	2	5
		9	3	8			7	8
		7	2	6	4	3	8	9
9	6	8	7		8	4	9	
7	8	3				2	1	
8	5						6	9
	1	7				2	5	1
	4	6	1		9	3	4	5
9	7	8	2	1	3	6		
8	9			2	1	4		
4	3	1	9		8	5	9	6
	5	7			1	7	9	

68

9	4	7		9	3	8		
8	6	9		5	6	9	8	
		6	1	8		6	9	
	9	8	5		1	5	3	
4	3		9	6	4		4	2
9	7	6	8	5			6	5
	4	6	1	2	3			
3	5			4	1	2	7	3
1	4		3	2	5		3	1
	1	4	2		6	9	8	
	2	5		5	3	1		
	6	8	9	3		3	4	1
	6	8			2	1	3	

Kakuro 1

69

3	2	1	7			2	8	1
5	1	4	2		4	8	9	3
	2	5	8	9	7			
7	6		1	9	7			
8	7	9	4		6	2	1	
	1	7	3		8	9	6	1
7	8						3	9
3	4	5	1		8	7	2	
	9	8	5		3	1	4	2
		9	7	6		5	4	
	7	8	3	9	4			
7	1	9	6		4	1	9	3
9	7	8			5	2	3	1

70

		9	8			2	5	
	7	3	6	8	2	1	4	9
3	5			2	1		7	6
4	8		9	7		1	9	
		8	9		4	1		
	8	7	6			2	9	
8	1	9	6		9	6	3	8
9	4			3	2	1		
3	5		8	7				
5	8		4	3		4	2	
8	9		5	9			8	6
7	8	3	2	5	1	4	9	
	2	1		7	2	1		

71

		6	1	4		9	5	
	1	8	5	7		2	4	
7	8	9		3	4		9	4
9	7		9	2	8	6	7	5
	5	4		9	7	8		
8	7	6		8	6			
1	9		6	9	7		6	2
		9	7		9	8	5	
	7	6	4		2	5		
2	6	9	8	7	5		2	1
1	2		7	1		1	3	2
	1	5		3	5	6	1	
	9	8		2	1	4		

72

		2	9	8	5	1		
		3	6	4	1	2	7	
	7	1				3	5	7
7	5	6	3				8	9
6	8	4	2	7	1	3	9	
9	6		5	3	2	1		
	9	2				7	9	
	3	4	8	9			2	4
	5	1	2	6	3	9	8	7
2	1				2	7	4	1
3	2	1				6	1	
	3	2	9	1	7	4		
		4	5	7	9	8		

73

	2	3				6	5	
8	6	4	9		5	3	1	
9	5		5	3	1	2		
4	1	3	2	7		4	1	2
		1	3			1	2	6
7	8	5	4	6				
8	9		1	7	2		9	8
			2	3	6	1	4	
1	7	9			1	4		
7	9	8		3	8	7	5	9
		6	1	2	5		1	7
	2	5	3		4	1	2	6
	9	7				9	7	

74

	8	2			8	2	1	4
	9	5		1	7	5	8	9
		1	8	3		4	2	
	4	3	9		6	8		
9	8	7		5	9			
8	2			9	7	5		
7	1	2				1	2	3
	3	7	1			4	8	
		6	8		2	1	4	
		8	9		2	3	5	
	9	7		8	1	5		
2	5	6	8	9		6	2	
4	8	9	6			1	3	

75

	6	3		6	8	9		
9	7	5		9	1	5	4	8
5	3		6	7			9	7
	5	1	3			9	8	
6	8	4			1	8		
1	4			2	3	7	1	6
3	1		4	1	2		9	8
9	2	7	6	8			5	9
		3	1			1	8	2
	3	1			9	5	7	
3	1			5	7		3	9
8	5	9	3	7		1	2	3
		8	4	9		6	4	

76

	3	8		4	2	1	6	
6	1	7		1	3	2	5	7
8	6		7	5	1		7	9
	4	9	8			6	9	
	5	1			1	8		
		4	2		7	9	8	2
8	9	7	4		5	3	9	1
9	7	6	5		2	1		
		2	1			4	5	
	1	8			2	7	1	
8	6		4	1	3		6	9
9	2	4	1	3		1	2	4
	3	1	2	5		4	3	

Kakuro 1

77

1	6	2			4	9	
3	8	6	9		1	3	2	6
		5	8	9			5	4
		4	5	8	3	2	6	1
3	8	9	7		2	1	4	
5	3	1				3	1	
2	1						3	4
	7	9				8	7	9
	5	8	7		9	5	8	7
3	9	6	1	5	8	7		
1	2			1	6	2		
5	4	7	1		3	6	1	2
		2	4			9	3	8

78

	6	8	7		8	9	7	
	1	6	5		2	8	4	1
		9	7	6		8	2	
	6	8	9		6	9	8	
7	9		8	3	2		4	6
1	3	7	5	4		6	8	
	9	6	2	5	7			
4	9			1	3	6	2	5
1	6		8	6	7		4	9
	8	5	9		4	3	1	
	7	4		3	1	2		
	4	3	2	1		6	2	1
		1	4			1	4	3

79

1	6	2	3			1	5	2
3	5	4	2		1	3	9	8
		1	5	4	3	2		
3	7		1	3	2			
2	6	1	4		4	2	7	
	9	8	6		6	1	3	2
8	2					1	4	
9	5	1	2		3	1	2	
	8	7	9		5	3	4	1
		4	1	2		9	5	
	2	8	3	4	1			
4	2	5	1		7	6	9	8
2	3	1			1	3	2	9

80

	3	1	4	6		4	8	9	7
6	7	2	8	9		1	6	4	3	2
2	5			8	9	3			2	1
4	9		9	7	6	2	4		9	8
1	2	3	6	4		6	7	9	
	1	2	7			9	8	6	
	1	3	5		6	3	4	1	5
6	8		8	1	3	4	2		7	6
7	9		4	1	2		3	2	1
1	5	7	9	2		1	3	2	5	4
	7	9	6			1	4	3	

81

		8	1	3		2	1	5	
	7	9	3	8		3	5	9	6	7
1	4	2			5	8	4		8	7	9
6	8			4	9	7	8	6	
3	6	1	4	2		8	6	
	9	6	7				3	2	1
		9	8		5	9	8	4	3
	3	8	7	1	9			2	4
8	9	6		5	7	8		9	3	1
9	7	8	4	6		7	9	8	5
	7	1	9		6	7	4	

82

	4	7	2	1		3	5	1	2
4	5	9	6	3		8	9	5	7	3
1	3			5	9	7			9	8
2	1		8	4	7	5	9		5	1
6	7	9	5	8		1	3	2	
	2	4	1				6	7	5
		1	2	6		2	4	3	1	7
9	5		6	9	2	1	5		6	9
8	9			2	1	3		1	2	4
2	4	1	5	3		5	2	6	3	8
	8	2	9				1	2	4

83

		4	7	9		3	1	2	
	9	6	8	5		1	4	5	3	2
2	5	1		7	9	5		4	1	6
1	3			6	5	2	3	1	
6	7	9	3	8		4	7		
	8	3	4				9	6	8
		8	6		5	8	7	6	9
	2	6	4	3	1			9	7
9	2	1		3	1	2		3	4	8
5	4	3	2	1		4	8	5	7
	5	4	2		6	9	8	

84

	8	7	3			9	6	5	4
7	4	6	1		2	7	8	3	6	9
9	6	8		9	5			1	5	7
		2	3	4	1			2	1	
		5	9	7	4	2	3		8	7
	5	9		3	8	1		7	1
2	3	1	4				4	2	3
3	1		8	9	6			8	9
1	7		5	7	8	6	3	9	
	8	7			3	2	1	7	
7	6	9			2	1		6	7	8
5	9	8	6	4	7		7	4	8	9
	2	5	4	1			5	3	2

Kakuro 1

85

86

87

88

89

```
6 2 3 1 9 . 5 3 . 5 9
4 1 2 5 6 . 3 1 . 4 2
. . 2 8 1 . 6 8 . . .
7 5 3 1 8 9 . 9 7 . .
9 8 5 3 7 . 5 8 9 7 4
. . . 9 7 . 5 8 1 . .
9 1 2 4 8 7 6 . . . .
8 3 1 2 5 . 8 9 1 3 4
. . 7 4 1 8 2 6 3 . .
6 9 8 . 9 7 . . . . .
8 7 9 6 4 . 9 8 2 7 6
. 4 3 . 7 6 5 1 9 8 .
. 4 7 . 2 4 1 . . . .
1 2 . 8 7 . 8 2 1 9 7
8 9 . 4 9 . 2 1 3 5 8
```

90

```
5 7 . 1 7 9 . 2 4 . .
9 8 7 2 3 6 . 3 1 4 .
. 8 5 6 7 9 . 3 2 1 .
. 4 2 . 1 3 . 5 9 2 .
9 8 6 5 . 1 7 2 . . .
8 7 . 9 7 . 4 1 . 3 5
7 5 . 8 5 9 . 5 8 6 9
. 1 9 . 9 6 8 . 9 5 .
6 9 7 8 . 7 9 6 . 1 9
1 6 . 7 2 . 4 7 . 9 7
. 7 9 3 . 9 6 4 8 . .
6 9 8 . 1 7 . 9 8 . .
8 6 5 . 5 9 6 1 8 . .
. 7 9 8 . 8 2 5 7 9 4
. 1 3 . 1 2 . 4 1 . .
```

91

```
9 2 . 1 4 . 7 9 1 . .
2 1 . 3 8 9 6 1 7 4 5
. 3 1 . 5 1 . 2 3 . .
1 4 3 . 8 5 9 7 . . .
6 8 9 7 4 . 5 8 9 . .
. 3 2 1 5 7 . 8 7 . .
. 6 9 1 8 7 . 7 1 . .
. 7 1 . 6 2 . . . . .
9 4 . 6 7 9 3 8 . . .
2 1 . 9 2 4 8 1 . . .
. 9 7 5 . 6 2 1 5 8 .
. 9 8 4 1 . 5 8 9 . .
3 1 . 9 8 . 8 9 . . .
4 3 1 7 8 2 5 6 . 2 4
. 9 5 8 . 7 5 . 7 8 .
```

92

```
5 4 1 2 6 . 3 1 . 8 2
9 2 3 1 8 . 2 4 . 9 7
. . 7 2 1 . 7 1 . . .
3 4 8 2 9 1 . 9 8 . .
1 2 5 3 4 . 2 7 1 3 5
. . 9 4 . 3 2 4 . . .
3 6 9 5 8 7 1 . . . .
5 4 7 8 6 . 3 9 4 1 2
. 9 4 7 8 2 3 6 . . .
2 3 7 . 4 1 . . . . .
8 4 9 5 7 . 3 1 9 7 8
. 1 2 . 4 1 2 8 9 6 .
. 6 2 . 8 9 7 . . . .
9 8 . 1 7 . 4 9 8 6 7
5 7 . 8 9 . 2 7 9 4 1
```

Kakuro 1

93

	1	5			4	1	5	6	2
1	2	6	3		8	5	3	9	6	7
3	4	8	9	2	5			7	1	2
			8	7	6	4			3	5
7	8			8	9	7	5			
8	2	4	3	1		9	4	5	2	8
	9	8	5		6	2	3	1	4
	9	8					1	4
7	5	6	1	2		3	1	2
9	8	7	4	6		9	4	7	1	3
		3	1	6	2			5	9
1	4			3	8	6	1
3	9	1		9	8	6	2	5	7
2	5	4	8	1	3		2	1	4	5
	8	5	9	7	1			7	9

94

	1	2	7			7	8	5	9
2	5	1	3		8	9	7	3	5	6
9	7	6		5	9			8	6	9
	8	7	9	6				9	4
	4	9	8	3	7	6		7	1
	1	3		7	6	9		1	2
3	2	5	9			7	9	8
4	6		6	3	1		7	3
2	5		8	6	4	9	7	5
	9	7		5	6	9	8
1	3	2		2	8		2	6	9
4	8	9	5	7	6		8	6	9	7
	4	6	1	9			9	4	7

95

	4	2		2	1		1	7
	1	3		3	2		7	9	8
2	3		6	1	4	3	2		2	6
4	9	5	8		2	4	1	5
	7	9		5	1		2	1
	2	1		4	3		7	8	4	2
7	6	2	1	3		2	8	5	3	1
1	8	4	3		9	3		6	8
	1	3		6	4		1	3
	9	6	8	1		3	4	2	1
9	4		2	3	1	4	5		5	4
7	5	8		4	8		8	3
	7	9		2	1		6	1

96

	4	7	8		1	6	2	3
	9	1	2	7		4	8	1	2	3
2	4	3		9	8	7	5		5	1
4	8	6	9		6	3	2		1	2
1	6		7	4		2	1	8
	1	5	2	3			3	2	1
1	8	2		1	9	6		9	4	3
2	4	3			6	3	1	2
	8	3	9		1	4		3	1
3	1		5	8	4		3	1	7	2
1	2		2	5	1	6		3	1	4
6	5	8	4	7		9	4	6	2
	3	6	1	4		8	1	2

97

98

99

100

Kakuro 1

101

	6	8		2	8			9	8	1
5	1		3	6	7	1	8	4	2	9
	9	4		8	7			7	8	
1	4	2		1	2	7	6			
5	2	3	1	4		9	8	6		
		5	3	1	2	6		1	3	
	3	2	6	4	1			4	9	
	4	1					3	9		
2	1		4	9	8	5	2			
9	6		9	5	8	6	7			
	2	1	7		9	8	1	4	2	
		2	6	1	4		7	8	9	
7	9			3	2		9	6		
9	8	4	7	6	3	2	1		5	9
	7	1	2		6	3		9	7	

102

		2	4		9	1			9	3	
		3	6		5	2			8	2	6
2	1		9	8	5	7	4		4	2	
9	7	1	3			2	3	9	8		
	6	7		6	1		8	6			
	6	8		3	5		9	6	7	5	
7	8	9	2	1		4	6	7	5	8	
5	2	4	1		7	9		3	1		
	5	7		5	3		3	5			
	4	3	1	2		1	2	3	4		
3	1		5	1	2	3	7		7	5	
9	7	8		1	4		3	4			
	3	5		3	1		6	8			

103

	6	8			4	8	3	7	5	
2	3	6	1		3	9	1	5	4	2
3	5	7	2	4	1		2	1	4	
			3	8	5	9		3	1	
3	2			1	2	8	4			
1	6	5	2	3		6	2	1	3	4
		2	1	6		2	1	7	9	3
	1	3					2	4		
3	2	6	5	1		9	1	3		
6	4	1	3	2		8	4	5	9	7
		2	4	1	7			7	2	
9	8			3	5	4	1			
7	9	5			2	5	3	4	1	6
6	5	1	4	2	3		8	2	4	9
	7	2	9	8	4			1	3	

104

	7	9	3			7	5	9	8	
2	5	3	1		3	2	1	4	6	9
1	2	8		9	7			1	3	2
		6	9	7	4			2	5	
		5	7	8	2	4	9		2	5
	6	7		1	2	6			4	1
3	7	1	2			7	3	9		
1	9		4	1	6			7	1	
4	2		1	3	5	2	7	4		
	3	1		3	1	8	2			
2	4	3		1	4		1	5	2	
4	8	7	6	9	2		7	5	4	8
	1	2	7	3			9	6	8	

105

106

107

108

Kakuro 1

109

	3	7	6	9	8		3	4			2	6
	1	5	8	7	9		1	8			9	7
				4	1	5		7	5			
	9	1	5	3	7	2		3	9			
	6	3	1	2	5		9	5	4	6	8	
					1	6		6	8	9		
	8	4	1	2	9	3	5					
	4	1	2	6	5		7	6	8	4	9	
				4	6	3	1	9	2	7		
	6	2	1		7	9						
	9	4	5	7	8		2	3	4	1	6	
		4	1		4	5	1	6	2	8		
		1	2		4	9	7					
	4	2		5	1		6	7	8	9	3	
	8	4		2	3		3	2	6	7	1	

110

	8	9		9	2	1		1	8			
	2	3	1	8	4	5		8	9	6		
			2	5	1	3	6		7	9	5	
		8	6			2	9		3	8	4	
	9	7	3	8			3	4	6			
	8	6		9	7		8	6		2	8	
	5	3		5	8	9		2	1	3	7	
		9	3		6	5	9		6	8		
	1	5	2	4		8	7	4		1	5	
	3	4		9	5		8	1		9	6	
		9	7	4			3	2	5	8		
	9	8	6		8	9			4	6		
	3	7	8		3	6	2	8	1			
		9	7	6		7	1	4	3	6	2	
		4	9			5	9		4	1		

111

	2	1		4	3			8	7	9		
	3	5		1	5	9	7	6	2	8	4	
		2	1			8	9			6	2	
	5	4	9			6	8	7	1			
	8	6	7	5	9			6	5	8		
				8	6	2	1	9		3	2	
			9	7	8	4	6			7	5	
		8	5						1	9		
	4	7			9	7	2	4	3			
	1	2		3	8	9	1	2				
		9	1	7			4	5	9	7	8	
			5	9	6	8			8	4	1	
	5	3			7	2			6	3		
	2	7	3	1	9	4	5	6		1	3	
		1	5	3			9	4		2	8	

112

	7	9	6	4	8		1	4			7	9
	9	8	2	1	4		6	2			1	2
				5	1	4		4	3			
	1	2	3	4	6	5		1	6			
	3	1	5	2	9		4	3	5	1	2	
					9	8		8	5	3		
	2	8	5	7	9	3	1					
	3	9	7	8	6		3	9	7	8	5	
				8	5	2	4	3	9	1		
	1	8	7		7	9						
	7	9	8	3	4		4	1	8	9	7	
		9	1		1	2	3	9	7	4		
		7	6		9	2	7					
	9	4		2	5		3	9	7	8	5	
	8	6		6	8		1	7	8	2	9	

113

114

115

116

Kakuro 1

117

118

119

120

121

122

123

124

Kakuro 1

125

126

127

128

129

	1	8	5			3	6	1			1	8
5	4	9	8	7		7	9	6	3		6	9
3	2	4	6	8	1	5			9	5	8	
			7	9	8	6		5	1	2	3	
6	7		4	3	7	1	6	2		6	7	8
9	6	8			3	2	9	8	6	1	4	5
	2	5		7	4			1	2		5	9
4	8	9	7	6			1	3		9	7	
3	9		9	8		8	4					
1	5			9	1	7	2	8			9	8
			7	9			4	2		6	7	
4	2			2	3		7	9	8	5	6	
3	5		9	5			6	9		9	4	
2	8	4	7	3	9	6	5			7	8	9
1	4	3		1	7	2	3	5	4		3	5
	7	6	8	9		4	1	2	7			
	1	2	5			7	4	1	6	3	2	8
7	9		9	7	1	8		6	8	2	7	9
1	6			8	3	9			9	1	5	

130

4	8			3	1	2			1	4	2
1	6		7	4	2	6	5		2	5	3	1
3	7	2	5	1		5	1	3		3	1	4
		4	9		9	3		6	1	2		
	9	1		8	7			5	2	9	4	8
5	1		8	6			1	2	3		3	1
7	2	5	4		2	3	4	1			2	6
8	3	1			1	2	3			4	1	
6	7			8	3	9		4	8	1		
9	4	8	3	6			1	5	2	3	6	
		6	1	9		5	4	2			7	9
	7	9			2	4	1			9	6	8
1	6			4	5	1	2		5	7	1	2
3	9		1	2	7			9	7		5	7
6	8	5	2	7			2	5		4	2	
		9	4	8		3	9		8	1		
2	8	1		9	1	2		6	9	5	7	8
5	9	8	7		5	4	9	8	6		9	5
	4	7	9			1	7	9			8	9

131

1	4	3				3	9	8			2	8
5	7	1		9	5	1	8	7		2	4	1
2	5			8	9	6			8	5		
	1	3	2	7	6	5		6	3	1	5	2
5	2	1	4			2	7	8			2	1
9	3		6	9	4		4	1		2	1	6
		1	8	6	2	3		7	1	3		
	7	4	3		3	1		2	9	4		
1	6	2			9	5		4	5	3	2	1
7	9		6	5			1	3		1	3	
4	8	6	9	2		2	6			9	6	5
	3	4	1		7	8		2	4	3		
	5	4	8		3	1	9	6	5			
7	8	9		9	7		5	2	1		1	4
6	9			3	1	6		7	9	5	8	
1	7	6	5	8		9	6	8	3	5	7	
	2	4			7	9	5			4	8	
3	1	4		7	1	3	8	9		9	8	7
9	6			9	4			7	9	6		

132

5	9			5	6	1		1	4	2	3
2	1		5	8	9	7		5	9	7	4	8
3	7	4	9		8	9	6		3	1	2	5
1	5	3	2			8	9			6	5	9
		2	6	1			5	9	3	4	1	
	6	7	8	2	9	3	4	5	1			
9	3	1		3	6	1		6	5	8	9	
6	1		1	7	4		1	2	4	3	6	7
		5	9	8		8	9		4	7	8	
	1	4	2	8			6	7	8	9		
1	2	3		5	1		2	1	4			
2	4	5	1	6	3		3	7	9		9	3
7	8	9	4			2	4	3		9	8	5
		6	9	3	5	1	4	8	7	2		
	2	6	3	4	1			8	7	5		
5	1	2			8	5		6	1	4	2	
4	3	1	2		2	3	1		9	8	7	5
9	4	5	1	2		1	2	3	5		3	1
	5	3	4	1		2	4	1			9	3

SUDOKU to go

ISBN 1-58567-791-4 $5.95

ISBN 1-58567-792-2 $5.95

ISBN 1-58567-793-0 $5.95

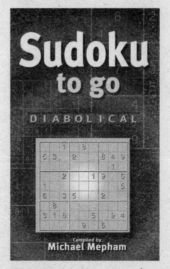

ISBN 1-58567-794-9 $5.95

Also available as a Gift Box Set   ISBN 1-58567-790-6 $19.95